Bomberos

Julie Murray

Abdo

TRABAJOS EN MI
COMUNIDAD

Kids

abdopublishing.com

Published by Abdo Kids, a division of ABDO, PO Box 398166, Minneapolis, Minnesota 55439.
Copyright © 2016 by Abdo Consulting Group, Inc. International copyrights reserved in all countries.
No part of this book may be reproduced in any form without written permission from the publisher.

Printed in the United States of America, North Mankato, Minnesota.

052015

092015

THIS BOOK CONTAINS
RECYCLED MATERIALS

Spanish Translator: Maria Puchol

Photo Credits: Glow Images, iStock, Shutterstock © daseaford p.22, Taina Sohlman p.23 / Shutterstock.com

Production Contributors: Teddy Borth, Jennie Forsberg, Grace Hansen

Design Contributors: Candice Keimig, Dorothy Toth

Library of Congress Control Number: 2015941668

Cataloging-in-Publication Data

Murray, Julie.

[Firefighters. Spanish]

 Bomberos / Julie Murray.

   p. cm. -- (Trabajos en mi comunidad)

ISBN 978-1-68080-339-6

Includes index.

1. Fire fighters¬--Juvenile literature. 2. Fire extinction--Staff--Juvenile literature. 3. Rescue work--Juvenile
literature. 4. Spanish language materials—Juvenile literature.   I. Title.

628.9'25--dc23

                        2015941668

Contenido

Bomberos

Los bomberos salvan vidas.

4

Apagan incendios.

Ponen a la gente a salvo.

Ayudan a los que están heridos. Carol tuvo un accidente de carro.

Manejan un camión de bomberos. ¡La **sirena** suena fuerte!

Conectan una manguera.

El agua sale a chorros.

Llevan ropa especial que los mantiene a salvo.

Necesitan mucho equipamiento.

Jim se pone su **tanque de aire**.

Enseñan a los niños las normas de prevención contra incendios. Kate prueba la manguera.

¿Conoces a algún bombero?

21

El equipamiento de un bombero

el camión de bomberos

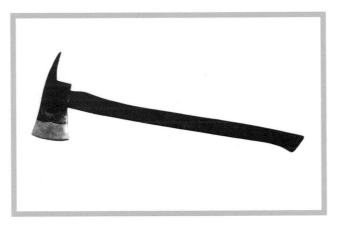
el hacha

el casco

la manguera de incendios

Glosario

sirena
aparato que emite un sonido de alarma muy fuerte.

tanque de aire
depósito que contiene aire para que los bomberos puedan respirar cuando están rodeados de humo.

Índice

abdokids.com

¡Usa este código para entrar en abdokids.com y tener acceso a juegos, arte, videos y mucho más!

Código Abdo Kids:
MFK9130